Bibliografische Information der Deutschen Nationalbibliothek:

Die Deutsche Bibliothek verzeichnet diese Publikation in der Deutschen National-
bibliografie; detaillierte bibliografische Daten sind im Internet über http://dnb.d-
nb.de/ abrufbar.

Impressum:

Copyright © 2009 GRIN Verlag, Open Publishing GmbH
Druck und Bindung: Books on Demand GmbH, Norderstedt Germany
ISBN: 9783640686018

Dieses Buch bei GRIN:

http://www.grin.com/de/e-book/154960/klassische-softwareprogrammierung-und-
extreme-programming-im-vergleich

Patrick Seifert

Klassische Softwareprogrammierung und Extreme Programming im Vergleich unter Anwendung eines Praxisbeispiels

GRIN Verlag

FOM Fachhochschule für Ökonomie & Management Nürnberg

Berufsbegleitender Studiengang zum Diplom Wirtschaftsinformatiker (FH)

6. Semester

Fallstudie II

Klassische Softwareprogrammierung und Extreme Programming im Vergleich unter Anwendung eines Praxisbeispiels

Autor: Patrick Seifert

Vorwort

„Zusammenkunft ist ein Anfang,
Zusammenhalt ist ein Fortschritt,
Zusammenarbeit ist ein Erfolg."

Henry I. Ford

Inhaltsverzeichnis

Vorwort III
Inhaltsverzeichnis IV
Abbildungsverzeichnis V
Tabellenverzeichnis V
Abkürzungsverzeichnis V
Abstract VI

1. Einleitung 1

2. Traditionelle Programmierung 2

3. Extreme Programming 5

4. Methodik: Extreme Programming und traditionelle Programmierung im Vergleich ... 9

   4.1 Kommunikation, Team und Stand-up Meetings 9
      4.1.1 Extreme Programming Modell 9
      4.1.2 Traditionelles Modell 10
      4.1.3 Kritische Bewertung 10

   4.2 Pair Programming, Standards, kollektives Eigentum 11
      4.2.1 Extreme Programming Modell 11
      4.2.2 Traditionelles Modell 11
      4.2.3 Kritische Bewertung 12

   4.3 Refactoring, testgetriebene Entwicklung, Iterationen 13
      4.3.1 Extreme Programming Modell 13
      4.3.2 Traditionelles Modell 13
      4.3.3 Kritische Bewertung 14

   4.4 Überstunden, Mut, Dokumentation 14
      4.4.1 Extreme Programming Modell 14
      4.4.2 Traditionelles Modell 15
      4.4.3 Kritische Bewertung 15

5. Traditionelle Programmierung und Extreme Programming in der Praxis 16
   5.1 Vorstellung Fiktiv Versicherung AG 16
   5.2 Ausgangslage 18
   5.3 Ablauf des Projekts 19
   5.4 Lösungsansatz mit Extreme Progamming 22

6. Fazit 24

Literatur- und Quellenverzeichnis VII

Abbildungsverzeichnis

Abb. 1: Ablauf eines traditionellen Projekts – Wasserfallmodell 2
Abb. 2: Typischer Verlauf eines IT Projekts 4
Abb. 3: Rollen innerhalb eines XP Projekts..6
Abb. 4: Ablauf eines XP Projekts 6
Abb. 5: Ablauf einer XP Iteration 8
Abb. 6: Organigramm IM Abteilung Fiktiv Versicherung AG 17
Abb. 7: Projektverteilung IM Abteilung Fiktiv Versicherung AG 18
Abb. 8: Ablauf eines XP Projekts 22
Abb. 9: Klassische Webarchitektur 23

Tabellenverzeichnis

Tab. 1: Meilensteinplanung für Callcentersoftware der Fiktiv Versicherung AG 20
Tab. 2: Projekt Callcentersoftware – XP Iterationen der Fiktiv Versicherung AG 23

Abkürzungsverzeichnis

AE	Anwendungsentwicklung
DMS	Dokumentenmanagementsystem
IT	Informationstechnologie
PLA	Projektlenkungsausschuss
SAP	Systemanalyse und Programmentwicklung
SAS	Statistical Analysis System
SOA	Serviceorientierte Architektur
XP	Extreme Programming

Abstract

English

The traditional Software development and Extreme Programming are two procedures to create software. The waterfall lifecycle model shows the operation of the traditional Software development. In that case, the phases are horizontally ordered and are executed in succession.
The classical procedure is only applicable, if it is possible to set the standards when starting the project. If mistakes are identified while rolling out the software, they have to be removed with many efforts. Because of the grave disadvantages, the waterfall lifecycle model with its demanding financial efforts, it is today not really convenient and is replaced by a variety of alternative and additional procedural methods such as Extreme Programming.
The paper at hand compares the traditional Software development with Extreme Programming and tries to solve an unsuccessful example of the practice.

German

Die traditionelle Softwareprogrammierung und Extreme Programming stellen zwei Vorgehensweisen zur Programmierung von Software dar. Die traditionelle Softwareprogrammierung orientiert sich klassisch an dem Wasserfallmodell. In diesem sind die Phasen horizontal angeordnet und werden nacheinander durchlaufen. Das klassische Modell ist nur dann verwendbar, wenn Anforderungen schon frühzeitig festgeschrieben werden können. Treten Fehler erst bei der Softwareeinführung ein, so müssen diese mit erheblichem Aufwand entfernt werden. Wegen der gravierenden Nachteile des Wasserfallmodells, die meist erhöhten finanziellen Aufwand bedeuten, hat das Wasserfallmodell heute kaum noch praktischen Wert und wurde in der IT-Industrie durch eine Vielfalt alternativer und ergänzender Vorgehensweisen, wie zum Beispiel Extreme Programming, ersetzt.
Die vorliegende Studie vergleicht die traditionelle Softwareprogrammierung mit Extreme Programming und versucht damit ein gescheitertes Praxisbeispiel zu lösen.

1. Einleitung

Unternehmen sind heute mehr denn je auf moderne Informationstechnologien angewiesen, um ihre Wettbewerbssituation zu sichern. Trotz vorhandener Projektmanagementtechniken treten in der Softwareentwicklung immer wieder Schwierigkeiten auf, wenn Projekte erfolgreich abgeschlossen werden sollen. Laut einer Studie aus dem Jahre 2008 der Firma TimeKontor AG mit Firmensitz in Berlin scheitern rund zwei Drittel aller IT-Vorhaben. Das Scheitern solcher IT-Projekte ist auf mehrere Faktoren zurückzuführen. Zum einen werden Anforderungen durch Fachabteilungen nicht präzise genug definiert. Fachabteilungen zählen Hunderte von Einzelfällen auf, haben allerdings Schwierigkeiten damit, der Gesamtanforderung einen Rahmen zu geben. Andererseits scheitern viele IT-Vorhaben wegen mangelnder Kommunikation. Viele Mitarbeiter neigen dazu, Probleme bewusst zu vertuschen anstatt sie gezielt anzusprechen. Insgesamt kann dieses Verhalten dann zu erheblichen Projektverzögerungen führen. Um das Risiko des Scheiterns abzumildern, entscheiden sich immer mehr IT Strategen dahingehend, den von ihnen vorgegebenen Softwareentwicklungsprozess zu überarbeiten.

Eine in der heutigen Zeit moderne Form der Softwareentwicklung ist das Extreme Programming, im Folgenden kurz XP genannt. Diesem liegt ein agiles Manifest zu Grunde. Richtig eingesetzt, hilft die Anwendung von XP Kundenzufriedenheit und Wertschöpfung nachhaltig zu steigern.

Zuerst wird nun der traditionelle Softwareentwicklungsprozess unter Zuhilfenahme des Wasserfallmodells inhaltlich vorgestellt, bevor dann auf den Ablauf des Extreme Programming näher eingegangen wird. Beide Vorgehensweisen werden daraufhin anhand verschiedener Techniken miteinander verglichen und bewertet. Im Anschluss wird XP mit den zuvor vorgestellten Vergleichskriterien auf ein aus der Praxis kommendes Projekt auf dessen Nutzen untersucht und bewertet.

Mit der vorliegenden Arbeit soll gezeigt werden, inwiefern XP das traditionelle Entwicklungsvorgehen, wie zum Beispiel Softwareentwicklung nach dem Wasserfallmodell, bezüglich des Gesamtnutzens ablösen kann.

Ein Fazit beendet die Ausführungen.

2. Traditionelle Programmierung

Die traditionellen Softwareentwicklungsmodelle orientieren sich in Abgrenzung zu XP an so genannten Phasen, die traditionell durch das Wasserfallmodell wiedergegeben werden, was bedeutet, dass diese Modelle keinen iterativen Ansatz verfolgen.

Im Wesentlichen bestehen klassische Projekte aus Projektleitung, Projektmitarbeitern und bei komplexeren Projekten dem PLA (vgl. Schnelle, 2006, S.2).

Die Projektleitung plant bestimmte Projektphasen, setzt Termine, so genannte Meilensteine, fest und ist im ständigen Informationsaustausch mit dem PLA, der die Überwachungsfunktion wahrnimmt.

Die einzelnen Projektmitarbeiter arbeiten die festgesetzten Inhalte der Meilensteine systematisch ab.

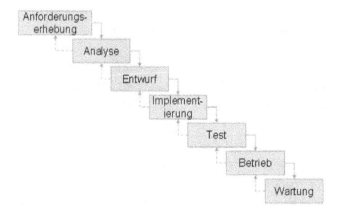

Abb. 1: Ablauf eines traditionellen Projekts – Wasserfallmodel l(Quelle: www.ibr.cs.tu-bs.de/wasserfallmodell.jpg)

Bei diesem Modell sind die einzelnen Softwareentwicklungsprozesse in Phasen aufgeteilt, die nacheinander durchlaufen werden. Ein Rücksprung zu einer vorherigen Phase ist möglich, sollten aber vermieden werden. Jede der einzelnen Phasen hat einen definierten Start- und Endzeitpunkt, die in den dafür vorgesehenen Meilensteinsitzungen bestimmt wird.

In der Anforderungserhebungsphase werden zusammen mit dem Kunden dessen Anforderungen besprochen. In allen anderen Phasen ist der Kunde kaum bis nicht involviert.

In der darauf folgenden Analyse werden die technischen Mittel, wie zum Beispiel die Art der verwendeten Datenbanken, Programmiersprachen festgelegt. In der im Anschluss folgenden Entwurfsphase wird ein erstes Konzept beschrieben, das so genannte Pflichtenheft. Anhand dieses Pflichtenhefts, das vom Kunden gebilligt werden muss, wird die Software erstellt. Dies geschieht mittels der darauf folgenden Phase.

Nachdem die Software implementiert, also programmiert wurde, wird sie getestet, in Betrieb genommen und anschließend gewartet.

Der Entwicklungsaufwand ist sequentiell, das heisst die nächstfolgende Phase kann erst begonnen werden, wenn die Vorherige erfolgreich abgeschlossen wurde. Durch diesen sequentiellen Ablauf lässt sich schnell erkennen, dass auf Änderungen seitens des Kunden nur relativ unflexibel reagiert werden kann. Da dieses Modell relativ starr ist, sollte es nur dort eingesetzt werden, wo sich Anforderungen, Leistungen und Abläufe in der Planungsphase genau beschreiben lassen.

Als wesentlicher Nachteil dieses Modells muss besonders die mangelnde Kundenbeteiligung genannt werden. Der Kunde und somit Auftraggeber ist nur in der Anforderungsphase sowie im eigentlichen Betrieb involviert. Auch die Möglichkeit eines Feedbacks seitens des Kunden ist nicht dauerhaft gegeben.

Des Weiteren laufen die einzelnen Phasen in der Theorie nacheinander ab. In der Praxis allerdings lassen sich Rücksprünge nicht vermeiden. Dies führt zu einem enormen Mehraufwand seitens der Projektbeteiligten.

Weiterhin ist das anfängliche Festschreiben der Anforderungen problematisch, da es durch wiederholtes Durchlaufen der einzelnen Projektphasen bei Anforderungsänderungen zu massiven Zeitproblemen kommen kann.

Ferner ist dieses Vorgehen sehr dokumentenlastig, da jede einzelne Phase dokumentiert werden muss.

Zusammenfassend wird beim traditionellen Entwickeln von Software auf eine iterative Vorgehensweise verzichtet. Die Durchführung der Softwareentwicklung orientiert sich an starren Entwicklungsphasen, auf die nicht flexibel reagiert werden kann. Die Gesamtanforderung des auszuliefernden Produktes wird anfangs in Zusammenarbeit mit dem Kunden anhand des Pflichtenheftes festgelegt. Anschließend werden die in Meilensteinen festgesetzten Programmfragmente umgesetzt. Ferner werden technische Hürden erst bei der Umsetzung erkannt, was einen möglichen Mehraufwand zur Folge hat. Ein Test der umgesetzten Software bezogen auf die fachlichen Funktionen findet bei fast allen traditionellen Vorgehensweisen erst am Ende statt. Auftretende Fehler werden somit zu spät erkannt und nehmen deshalb unnötige Zeit in Anspruch. Änderungen an der Software sind nach dessen Fertigstellung oft nur mit sehr großem Aufwand möglich (vgl. Elmer, 2005, S. 8).

Abb. 2: Typischer Verlauf eines IT Projekts (Quelle: www.softwareindustrialization.com/content/binary/design.jpg

Durch den Einsatz von agilen Projekt- und Entwicklungsmethoden kann der oft in der Praxis auftretende Effekt, den die vorstehende Grafik beschreibt, zumindest in der Weise abgemildert werden, dass die Eintrittswahrscheinlichkeit bis auf ein Minimum reduziert werden kann.

3. Extreme Programming

Extreme Programming ist ein Prozessmodell innerhalb der Softwareentwicklung, das das Lösen einer Programmieraufgabe in den Vordergrund stellt und hierbei auf ein formalisiertes Vorgehen größtenteils verzichtet. Ziel dieses Modells ist die schrittweise Annäherung an Kundenwünsche.

Extreme Programming wurde erstmals im Jahre 1995 eingesetzt, als es darum ging, eine Lohnabrechnungssoftware innerhalb der Chrysler Group umzusetzen. Nach Übernahme von Daimler im Jahre 2000 wurde dieses Projekt eingestellt und durch eine bereits existierende Standardlösung ersetzt. Beteiligt am damaligen Projekt waren die drei Begründer von XP, Kent Beck, Ward Cunningham sowie Ron Jeffries.

Heute stellt dies eine moderne Vorgehensweise innerhalb der Softwaretechnik dar und beruht im Wesentlichen auf Werten wie Kommunikation, Einfachheit, Feedback, Mut und Respekt (vgl. Kannengieser, 2007, S.67). Hierbei wird es ermöglicht, langlebige Software zu erstellen und im Laufe der eigentlichen Entwicklung auf sich ändernde Anforderungen rasch zu reagieren.

Während im traditionellen Softwareentwicklungsprozess an Phasenmodellen, wie zum Beispiel dem Wasserfallmodell, festgehalten wird, steht bei XP die eigentliche Implementierung im Vordergrund. Daher ist XP vor allem bei Softwareprogrammierern beliebt, da es von den oft als lästig empfundenen Formalitäten, wie zum Beispiel der Dokumentation, befreit ist.

Durch das Bekanntwerden dieses neuen Ansatzes zur Softwareerstellung, ist es gelungen, die Aufmerksamkeit des Fachpublikums vor allem auf agile Methoden zu lenken.

Das Grundprinzip von XP beruht darauf, Software in kurzen Zyklen iterativ zu entwickeln, das heisst die zu erstellende Software wächst mit ihren Anforderungen. Dies macht sie aus Kundensicht transparent.

Durch diese inkrementelle Vorgehensweise ist XP wesentlich flexibler als das traditionelle Vorgehen, da keine vollständige technische Spezifikation der zu entwickelnden Softwarelösung vorausgesetzt werden muss. Dies bedeutet wiederum, dass es bei XP kein Pflichtenheft gibt.

Entstanden ist dieses Modell auch aus dem Grund, weil der Kunde meist die Gesamtanforderung zu Projektbeginn noch nicht vollständig kennt.

Es werden oft Features, die nicht benötigt werden, gefordert und solche vergessen, die zwingend erforderlich sind.

Abb. 3: Rollen innerhalb eines XP Projekts (Quelle: eigene Darstellung)

Wie auch im traditionellen Projekt, gibt es in XP definierte Rollen.

Der Productowner ist ein Mitarbeiter, der entweder aus den Bereichen Marketing oder Produktmanagement kommt. Zudem kann er allerdings auch der Kunde selbst sein, der die Verantwortung für das XP Projekt inne hat und Prioritäten innerhalb dessen festsetzt. Der Productowner besitzt Verantwortung und setzt Prioritäten bezüglich der Durchführung des Projekts. Der Projektmanager ist zumeist auch Productowner, der das Team führt.

Der Softwareentwickler ist Bestandteil des Teams, das das Produkt entwickelt. Eine weitere Rolle nimmt der User ein, der mit dem zu erstellenden Produkt arbeiteten wird.

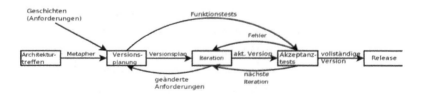

Abb. 4: Ablauf eines XP Projekts (Quelle: http://www.extremeprogramming.org)

Am Anfang eines XP Projekts muss dessen Umfang bestimmt werden. Dies geschieht mithilfe einer Metapher, auch Erforschungsphase genannt, innerhalb eines Architekturtreffens. In dieser wird evaluiert, welche Technologien zur Umsetzung einer Vision eingesetzt werden können. Des Weiteren wird eine Grobschätzung des Aufwands für die Realisierung des Vorhabens bestimmt. Im darauf folgenden Schritt findet erstmals die Versionsplanung statt.

Die Anforderungen werden feingranular zerbrochen und vom Kunden in Form von Benutzergeschichten, den so genannten Userstories, aufgeschrieben. Eine Userstory zeichnet sich dadurch aus, dass sie ein handgeschriebener Prosatext ist, auf eine Karteikarte passt sowie der Aufwand abgeschätzt werden kann. Anschließend wird die Realisierungsdauer der einzelnen Userstories von Softwareentwicklern geschätzt.

Nach Best Practice darf eine solche Benutzergeschichte maximal ein bis drei Wochen Zeit in Anspruch nehmen. Ist eine Realisierung in dieser Zeit nicht möglich, so muss sie weiter aufgeteilt werden. Mehrere kleine Benutzergeschichten, die diesen Zeitrahmen unterschreiten, müssen zusammengefasst werden. Ferner muss der Kunde für jede seiner in die Version gebrachte Geschichte einen Funktionstest beschreiben, mit dem die Erfüllung dieser validiert werden kann.

Innerhalb der Versionsplanung werden die Geschichten vom Kunden nach dessen Geschäftswert geordnet, somit priorisiert und Termine für die zu erstellenden Versionen bestimmt.

Anhand von Erfahrungswerten legen die Entwickler daraufhin fest, welche Entwicklungsarbeit zwischen zwei Versionen geleistet werden kann. Hierdurch lässt sich bestimmen, welche Userstories realisiert werden können.

Resultate der Versionsplanung sind neben dem Versionsplan die zu realisierenden Geschichten, geordnet nach deren Priorität.

Ein Release wird nach Best Practice alle ein bis zwei Monate freigegeben. Die hierfür notwendige Programmierung erfolgt in Iterationen, die einen Zeitraum von ein bis drei Wochen umfassen. Zur Erreichung einer Produktversion sind meist mehrere Iterationen notwendig. Bevor eine Iteration startet, werden in der Iterationsplanung, die auch als Feinplanung innerhalb von XP bezeichnet wird, die für die Iteration bestimmten Geschichten in Aufgaben, den so genannten

Tasks aufgegliedert. Diese werden dann von den beteiligten Entwicklern selbst untereinander aufgeteilt. Die Tasks repräsentieren die Spezifikation einer Benutzergeschichte.

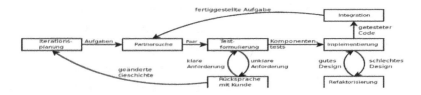

Abb. 5: Ablauf einer XP Iteration (Quelle: http://www.extremeprogramming.org)

In der eigentlichen Iteration sucht sich jeder beteiligte Entwickler einen Partner, mit dem er zusammen die zugeteilten Aufgaben erledigt.

Ein wesentlicher Punkt von XP ist, dass sich das Team hierbei selbst organisiert und es keine Störeinflüsse von außen gibt. Die jeweiligen Programmierpaare formulieren im ersten Schritt Tests für die Aufgaben. Ist die Aufgabe klar, wird der eigentliche Code in der jeweiligen Programmiersprache für dessen Funktionalität geschrieben. Treten Unklarheiten auf, so wird Rücksprache mit dem Kunden gehalten und die Geschichte in die nächste Iteration, in deren Planungsphase sie überarbeitet wird, verlegt. Nachdem die Funktionalität umgesetzt worden ist, wird der getestete Code in das Gesamtsystem übertragen. Hierbei kann eine Überarbeitung des bereits vorhandenen Quellcodes nötig sein, was zu einer Refaktorisierung führt. Innerhalb der Iteration wird die Geschwindigkeit, bezogen auf die Aufgabenumsetzung, gemessen, um die Umsetzungsdauer der Geschichten in der darauf folgenden Iteration besser bestimmen zu können.

Zusammenfassend lässt sich sagen, dass im Falle des Extreme Programming der Flexibilitätsgrad beim Entwickeln einer Software im Vordergrund steht. Diese Art von Vorgehensweise geht somit von einem proportionalen Zusammenhang zwischen der Steifheit, also dem Gegenteil von Flexibilität, und den Pflegekosten zur Fehlerbehebung oder Erweiterungen des Systems aus.

Je flexibler ein Softwaresystem somit ist, desto geringer sind die Pflegekosten (vgl. Kannengieser, 2007, S.57).

Als Steifigkeitskriterien sind unter anderem fehlende Softwaretests, schwer verständlicher Anforderungsentwurf, hohe Anzahl überflüssiger Funktionen sowie eine schwer verständliche Dokumentation der Software zu verstehen.

Extreme Programming erhöht die Flexibilität durch eine kontinuierliche Integration der Gesamtanwendung sowie durch die Methodik der testgetriebenen Entwicklung, die durch ständiges Refactoring die Fehleranfälligkeit abmildert. Des Weiteren werden die Userstories eingesetzt, um die Fachlichkeit zwischen Kunde und Entwicklungsteam zu klären und auszuarbeiten. Jedes ausgeliefertes Release ist ein lauffähiger Teil der umzusetzenden Gesamtsoftware.

4. Methodik: Extreme Programming und traditionelle Programmierung im Vergleich

In diesem Kapitel werden die Kerndisziplinen des Extreme Programmings aufgezeigt, mit dem traditionellen Softwareentwicklungsprozess verglichen und im Anschluss bewertet.

4.1 Kommunikation, Team und Stand-up Meetings

Sowohl in XP als auch in der traditionellen Herangehensweise spielen Kommunikation, das eigentliche Team und dessen Zusammentreffen eine wichtige Rolle.

4.1.1 Extreme Programming Modell

Innerhalb von XP wird viel Wert auf die eigentliche Kommunikation zwischen den involvierten Personen gelegt.

Das Modell ist so konzipiert, dass vor allem die Programmierer, die letztendlich die Software umsetzen, in permanentem Austausch zu einander stehen müssen. In XP werden innerhalb einer Iteration täglich für mindestens 15 Minuten so genannte Statusrunden abgehalten, die den Verlauf der für die Version zu erreichende Zielsetzung transparent machen.

Auch der Kunde ist Teil dieser Statusrunden und ist somit immer über den Verlauf informiert. Bei XP steht eindeutig das Team im Vordergrund.

4.1.2 Traditionelles Modell

Die Kommunikation innerhalb des Teams findet bei der traditionellen Softwareentwicklung nach dem Wasserfallmodell nur bedingt statt. Sie findet hier, wenn überhaupt nur zu Beginn und am Ende einer Projektphase und dann meist sogar ohne Einbeziehung des Teams statt. Häufig findet die Kommunikation mit dem Team auch nur dann statt, wenn sich herauskristallisiert, dass es bei der Realisierung des Pflichtenhefts massive Probleme gibt. Dann kann es sein, dass die Mängel zu spät erkannt worden sind und es somit zu massiven Zeitverlusten führen kann.

4.1.3 Kritische Bewertung

Wie zuvor beschrieben, haben die Kommunikation und das Team selbst innerhalb von XP einen extrem höheren Stellenwert als beim traditionellen Vorgehen.

Da das Gelingen eines Projekts in erster Linie vom Team abhängt und ihm somit durch die ständige Einbeziehung aufgrund der täglichen Meetings einen höheren Selbstwert vermittelt, ist es wesentlich motivierter seine zuvor zugeteilten Aufgaben zu erledigen. XP hat somit eine positive Wirkung auf den Teamgeist und auf die Motivation der Entwickler, da sie sich mit ihren Erfolgsergebnissen identifizieren können (vgl. Beck, 2000, S.37).

Des Weiteren können durch den ständigen Austausch von Team, Projektleiter und Kunde Probleme frühzeitig erkannt und behoben werden.

4.2 Pair Programming, Standards, kollektives Eigentum

Ebenso wie in XP werden auch bei einer traditionellen Herangehensweise beim tatsächlichen Umsetzen des Projekts verschiedene Techniken des Programmierens verwendet.

4.2.1 Extreme Programming Modell

Das XP Modell ist darauf ausgerichtet, dass stets zwei Programmierer vor dem Rechner sitzen, um die Software umzusetzen. Während ein Softwareentwickler den Code schreibt, denkt der andere über die jeweilige Problemstellung nach und ist auch dafür verantwortlich den Code seines Partners zu kontrollieren. Die beiden Programmierer sollen sich nach Möglichkeit vor dem Rechner in dessen Zusammensetzung häufig abwechseln.

Während der Programmierarbeit hält sich beim XP das Team, wenn möglich, an Programmierstandards, welche die gemeinschaftliche Verantwortung des Teams bei der jeweiligen Aufgabe ermöglichen.

Ebenso wird dem kollektiven Eigentum bei XP eine besondere Rolle zugeschrieben. Beim XP werden Aufgaben nicht an einzelne Personen verteilt, sondern an das ganze Team.

4.2.2 Traditionelles Modell

Beim traditionellen Erstellen einer Software gibt es kein Pair Programming. In diesen Modellen will und muss jeder Projektbeteiligte zunächst auf seine eigene Aufgabe schauen und diese lösen.

Weiterhin wird häufig an Standards festgehalten, auch dann, wenn der Einsatz dieser nicht immer sinnvoll ist. Somit werden Programmteile dahingegen ausgerichtet, dass sie in den Standard passen, obwohl eine anderweitige Implementierung wesentlich einfacher und unkomplizierter gewesen wäre. Bei diesen Modellen sehen die Projektmitarbeiter ihren Code sowie deren Dokumentation häufig als ihr individuelles Eigentum an. Dies bedeutet, dass es in der traditionellen Softwareerstellung kein kollektives Eigentum gibt.

4.2.3 Kritische Bewertung

Durch den Einsatz der Pair Programming Technik, die bei XP zum Einsatz kommt, lassen sich viele positive Effekte ableiten.

So entwickeln Paare viel eher an den richtigen Stellen und machen kürzere Pausen. Ebenso wird durch das paarweise Vorgehen ein wesentlich sauberer Programmcode entwickelt, der qualitativ als sehr hochwertig anzusehen ist. Wechseln innerhalb eines Programmierpaares stellt auch kein Problem dar, da ein Programmierer seinen Partner jederzeit nach dem aktuellen Stand fragen kann und somit sofort weiß, an welchen Punkt er anknüpfen muss.

Von den beteiligten Projektmitarbeitern wird es oft als spannender und interessanter empfunden, eine Aufgabe zusammen mit einem Partner zu bearbeiten. Auch das Wissen über die gesamte Codebasis wird erlangt, solange Pair Programming angewandt wird.

Weiterhin werden durch den sinnvollen Einsatz von Standards innerhalb des XP starre Prozesse vermieden. Auch die Gefahr von Wissensmonopolisten wird bei XP durch Pair Programming und kollektives Eigentum abgemildert, so dass das Wissen für das gesamte Team transparent nachvollziehbar ist.

4.3   Refactoring, testgetriebene Entwicklung, Iterationen

Refactoring, testgetriebene Entwicklung sowie Iterationen haben bei XP einen anderen Stellenwert als beim traditionellen Vorgehen.

4.3.1 Extreme Programming Modell

Laufendes Refactoring, also die manuelle oder automatisierte Strukturverbesserung von Programmsourcecodes, spielen bei XP eine wichtige Rolle. Somit wird die Lesbarkeit, Verständlichkeit, Wartbarkeit sowie die Erweiterbarkeit verbessert.

Weiterhin wird bei XP ein besonderes Auge auf die testgetriebene Entwicklung gelegt, so dass Fehler größtenteils im Voraus ausgeschlossen werden können. Auch der Einsatz von kurzen Iterationen ist bei XP als essentieller Bestandteil anzusehen, um dem Kunden regelmäßig einen lauffähigen Zwischenstand der Software präsentieren zu können (vgl. Promberger, Pree, 2004, S. 102).

4.3.2 Traditionelles Modell

Refactoring wird im traditionellen Prozess vernachlässigt, da die Entwickler oft der Ansicht sind, dass ihre programmierten Funktionalitäten von Anfang an lauffähig sind. Auch dem Testen wird weniger Zeit gewidmet, da es meist erst im Anschluss an die Realisierungsphase erfolgt. Traditionell gibt es nur eine einzige Iteration innerhalb der Realisierungsphase. Ist die Kundenanforderung mittels des Pflichtenhefts mit dem Kunden abgesprochen, so wird realisiert und das Endprodukt dem Kunden einmalig am Ende vorgeführt.

4.3.3 Kritische Bewertung

Durch ständiges Refactoring und durch den Einsatz von testgetriebenen Entwicklungstechniken werden Fehler im Vorfeld erkannt und behoben. Die Tatsache, dass bei XP die Komplettanforderung durch Iterationen zerlegt wird, macht es dem Kunden wesentlich transparenter, den Stand der Software zu sehen. Durch Iterationen sieht der Kunde selbst, wie seine Software nach und nach um die gewünschten Funktionalitäten erweitert wird. Dies ermöglicht dem Kunden ein rasches Eingreifen, um einer eventuellen Entwicklung in die falsche Richtung schnell entgegenwirken zu können.

4.4 Überstunden, Mut, Dokumentation

Abzuleistende Überstunden, Entschlossenheit und Dokumentation spielen im Extreme Programming Modell eine andere Rolle als im traditionellen Entwicklungszyklus.

4.4.1 Extreme Programming Modell

In XP wird grundsätzlich von einer 40 Stunden Woche ausgegangen, was bedeutet, dass es bei diesem Modell keine Überstunden seitens des Entwicklerteams gibt. Dies ist darauf zurückzuführen, dass Überstunden erfahrungsgemäß zu einer Leistungsminderung führen. Man kann über einen kürzeren Zeitraum, maximal eine Woche, mit Überstunden durchaus produktiver sein. Auf lange Frist ist dies jedoch nicht möglich. Falls Überstunden im Projekt zur Gewohnheit werden, so liegt das Problem vermutlich an einer anderen Stelle, zum Beispiel daran, dass die Metriken außer Acht gelassen wurden (vgl. Eckstein (2004), S. 38).

Beim Extreme Programming soll jeder einzelne Entwickler mutig, eigenverantwortlich und umsichtig handeln. Konzentrationen auf Spezialaufgaben gibt es nicht. Vielmehr sollen alle Beteiligten die Gesamtheit im Blick haben und auch in diesem Sinne agieren. Weiterhin sollen Entwickler auch Änderungen am Quellcode des Programms vornehmen, den sie nicht selber geschrieben haben. Innerhalb von XP gibt es in Abgrenzung zur traditionellen Vorgehensweise keine eigene Dokumentationsphase. Dokumentiert wird innerhalb der Iterationen und nur dort, wo es als sinnvoll erachtet wird (vgl. Hoffmann, 2009, S. 506).

4.4.2 Traditionelles Modell

Eine Festlegung zur Vermeidung von Überstunden gibt es in der traditionellen Softwareentwicklung nicht. Vielmehr werden innerhalb des Projekts auftretende Engpässe dahingehend ausgeglichen, dass Überstunden seitens des Softwareentwicklers angeordnet werden.
Im traditionellen Modell entwickeln die Beteiligten ihre Codefragmente stets selbst und schotten sich meist vom Team komplett ab. Innerhalb des Teams herrscht somit ein Konkurrenzdenken, das Offenheit und Mut verhindert.
Die Dokumentation stellt in vielen Modellen eine einzelne abgekapselte Phase dar, die nach der Realisierung und des darauf folgenden Tests umgesetzt wird.

4.4.3 Kritische Bewertung

Durch den Wegfall von Überstunden, die in den meisten Fällen sogar unbezahlt bleiben, ist das Team wesentlich motivierter und liefert somit ein qualitativ hochwertigeres Ergebnis als im traditionellen Modell.
Auch durch die Aufteilung des Projekts in mehrere Iterationen können Überstunden durch geschickte Iterationsplanung im Voraus vermieden werden.
Dem Entwickler das Gefühl zu geben, seine Meinung frei äußern und somit aktiver am Projekt teilnehmen zu können, fördert dessen Einsatzbereitschaft enorm.
Weiterhin werden hierdurch Probleme die innerhalb des Projekts auftreten schneller kommuniziert. Dies bedeutet wiederum, dass diesen schneller entgegengewirkt werden können.

Da die Dokumentationsphase im traditionellen Projekt eine der abschließenden Phasen des Softwareentwicklungszyklus ist, wird diese oft vernachlässigt und aufgrund von Zeitmangel qualitativ minderwertig abgeliefert.

Mit der ständigen Dokumentation innerhalb der Iterationen bei XP wird parallel zur Entwicklung dokumentiert und somit dessen Qualität und Nachvollziehbarkeit gestärkt.

5. Traditionelle Programmierung und Extreme Programming in der Praxis

In diesem Kapitel wird ein Softwareprojekt beschrieben, dass nach traditioneller Programmierung erstellt wurde und gescheitert ist. Das Projekt wurde nach dessen Scheitern eingestellt und mit Unterstützung einer externen Beratungsfirma neu aufgesetzt.

5.1 Vorstellung Fiktiv Versicherung AG

Die Fiktiv Versicherung AG ist ein Versicherungsunternehmen, das sowohl im Personen- als auch im Sachbereich Versicherungen anbietet. Eine interne IT-Abteilung arbeitet den Fachabteilungen zu.

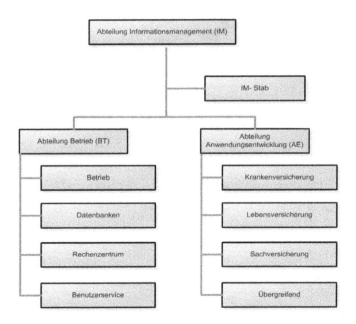

Abb. 6: Organigramm IM Abteilung Fiktiv Versicherung AG (Quelle: eigene Darstellung)

Die EDV-Abteilung innerhalb der Fiktiv Versicherung AG unterteilt sich in die für eine IT-Abteilung typischen Anwendungsbereiche.

Der Gesamtabteilung ist eine Stabsabteilung zugeordnet, der Planungs-, Steuerungs-, Personal- und Verwaltungsaufgaben zugeordnet sind.

Weiterhin untergliedert sich die Hauptabteilung in die Betriebsabteilung und in die Anwendungsentwicklung. Die Betriebsabteilung besteht aus den Fachkreisen Allgemeiner Betrieb, Datenbanken, Rechenzentrum und dem Benutzerservice. Auf gleicher Hierarchie ist die Abteilung Anwendungsentwicklung angesiedelt, die ebenfalls in mehrere Fachkreise gegliedert ist. Da die Fiktiv Versicherung AG ein Kompositversicherer, also ein Spartenversicherer ist, ist den Fachbereichen Krankenversicherung, Lebensversicherung und Sachversicherung jeweils ein eigener Fachkreis innerhalb der IT-Abteilung zugeordnet.

Ein weiterer Fachkreis kümmert sich um übergreifende Themen, wie unter anderem die Ex-/Inkasso Verwaltung, das DMS System, SAS Auswertungssysteme, die SAP Landschaft und die Webtechnologien.

Jeder einzelne Fachkreis besteht aus einem Gruppenleiter, einem Fachkreisleiter sowie dessen Fachkreismitarbeitern. Die jeweiligen Gruppenleiter sind dem Abteilungsleiter Betrieb und Anwendungsentwicklung direkt unterstellt und übernehmen fachliche und personelle Verantwortung für ihren jeweiligen Fachkreis.

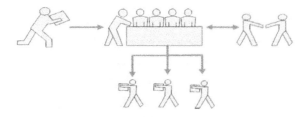

Abb. 7: Projektverteilung IM Abteilung Fiktiv Versicherung AG (Quelle: eigene Darstellung

Die Stabsabteilung ist dafür zuständig, einkommende Projekte in Zusammenarbeit mit den jeweiligen Fachabteilungen zu priorisieren und intern an die betroffenen Fachkreise zur Bearbeitung weiterzuleiten. Projekte werden stets demjenigen Fachkreis zugeordnet, der betroffen ist. Die Projekte werden dann vom Gruppenleiter an den Fachkreisleiter, der in vielen Fällen auch die Rolle des Projektleiters einnimmt, weitergegeben und vom Fachkreis durchgeführt.

5.2 Ausgangslage

Um auf telefonische Kundenbedürfnisse schnell und effizient reagieren zu können, hat sich der Vorstand des IT-Ressorts im Jahre 2005 dahingegen entschieden, Kundenanfragen innerhalb der Fachabteilungen durch den Einsatz eines im Hause neu zu schaffenden Kundencallcenters zu zentralisieren.

Den Kunden soll somit durch eine zentral geschaltete Kundenhotline schnell geholfen werden.

Zudem soll vermieden werden, dass die Kunden direkt in der Fachabteilung anrufen. Die Mitarbeiter im Kundencenter sind ausgebildete Versicherungskaufleute, die kundenindividuelle Anfragen bearbeiten können. Nur im Notfall soll der Kunde in die dafür zuständige Fachabteilung verbunden werden.

Wie sich im Rahmen einer Vorstudie herausgestellt hat, können somit rund 75 Prozent der Kundewünsche sofort befriedigt werden. Lediglich bei 25 Prozent ist die Verbindung aufgrund spezieller Anfragen in die dafür zuständige Fachabteilung notwendig.

Um ein solches Kundencenter in Betrieb nehmen zu können, muss eine speziell für das Kundencenter angepasste Softwarelösung eingesetzt werden.

Ausgewählte Vertragsdaten der Kunden müssen dem Callcenteragent schnell zur Verfügung gestellt werden. Banale Vertragsänderungen, wie zum Beispiel die Änderung der Adresse oder Bankverbindung müssen somit durch die Software des Callcenters möglich sein. Auch das Entgegennehmen von Schadenmeldungen muss zentral vom Callcenter durchführbar sein. Auch anstehende telefonische Werbekampagnen sollen zentral vom Kundencallcenter erfolgen. Um diesen Anforderungen gerecht zu werden, muss eine passende Software erstellt werden.

Nach monatelanger Recherche entschied sich die Fiktiv Versicherung AG, eine für das Kundencenter ausgelegte Weblösung selbst zu programmieren.

Ziel des Projekts war es, den Kunden spartenbezogen durch telefonische Eingabe der Versicherungsscheinnummer oder Kundennummer an einen Kundenberater des jeweiligen Spartenteams des Callcenters weiterzuleiten.

Das Projekt wurde, wie es die traditionelle Vorgehensweise innerhalb der Fiktiv Versicherung AG vorsieht, durch die IM-Stabsabteilung entgegengenommen, priorisiert und an den dafür zuständigen Fachkreis AE übergreifend weitergegeben, der somit für die Durchführung des Projekts verantwortlich war.

5.3 Ablauf des Projekts

Nachdem der Fachkreis mit der Durchführung des Projekts beauftragt worden ist, hat der Fachkreisleiter Herr Müller eine Besprechung mit den Abteilungsleitern der jeweiligen Sparten einberufen, um einen ersten Anforderungskatalog zu erstellen.

Die Besprechung ergab zusammenfassend, dass im Rahmen eines Brainstormings Vertragsdaten festgelegt worden sind, die für eine zu erschaffende Weblösung mit einem Kundencallcenter als Benutzergruppe notwendig sein könnten. Die gemeinsam erarbeiteten Ergebnisse dieser ersten Besprechung waren allerdings sehr schwammig.

Anschließend wurde vom Fachkreisleiter, der die alleinige Projektleitung übernahm, ein grober Projektplan erstellt.

Meilensteine	Zeitraum
Festlegung der relevanten Vertragsdaten	02 / 2005
Bereitstellen der Vertragsschnittstellen	03 / 2005
Aufsetzen eines webbasierten Auskunftssystems	04 / 2005
Integration der Vertragssuche mit anschließender Anzeige der vertragsrelevanten Daten	05 /2006
Testen des Gesamtsystems	06 / 2005
Produktivsetzung	01.07.2005

Tab.1: Meilensteinplanung für Callcentersoftware der Fiktiv Versicherung AG (Quelle: eigene Darstellung)

Wie der vom Projektleiter verabschiedeten Meilensteinplanung zu entnehmen ist, orientieren sich die oben angegebenen Meilensteine stark an dem Wasserfallmodell.

Zu Beginn werden die Anforderungen festgelegt, indem die für das System relevanten Daten festgelegt werden. Die Auswahl von Webkomponenten wurde allerdings in der Planungsphase nicht berücksichtigt, da diese sich nach Meinung des Fachkreisleiters schon von selbst im Verlauf des Projekts ergeben würde.

Der Termin für die Vertragsdaten konnte nicht eingehalten werden. Dies ist darauf zurückzuführen, dass der Projektleiter anfangs entschieden hatte, das Projekt ohne Einbeziehung der anderen Fachkreise wie Kranken-, Lebens- und Sachversicherung innerhalb seines eigenen Fachkreises durchzuführen.

Mitte April waren die Schnittstellen im Rahmen einer SOA-Architektur verfügbar. Die Erstellung eines webbasierten Auskunftssystems konnte aufgrund mangelnder Kenntnisse im eigenen Team ebenfalls nicht zum bestimmten Termin erfolgen.

Mitte Mail stand das Auskunftssystem dann zur Verfügung. Es wurde sich hierbei für eine Open Source Portal Variante entschieden.

Mitte Juli 2005 wurde das System mit den notwendigen Vertragsdaten sowie den erforderlichen Suchmechanismen versehen. Da ein wesentlicher Teil vergessen worden ist, nämlich das Berechtigungskonzept, kam es zu erheblichen Zeitverzögerungen. Callcentermitarbeiter der Sparte Krankenversicherung sollten zum Beispiel keine Einsicht in relevante Daten der Sparte Lebensversicherung bekommen. Durch Nachimplementierung des Berechtigungskonzepts und des somit zusätzlich aufgetretenen Zeitbedarfs wurde auf die Testphase komplett verzichtet, um das vom Vorstand vorgegebene Projektende, Beginn Juli 2005, nicht zu gefährden.

Ein Team bestehend aus Mitarbeitern der unterschiedlichen Fachkreise bildeten in den ersten zwei Monaten nach Produktivsetzung des Systems das Kernpersonal des neuen Callcenters.

Immer wieder traten im Tagesgeschäft erhebliche Probleme auf. Das System lief insgesamt sehr instabil und brach zum Teil zusammen.

Um Kundenverärgerungen zu vermeiden, wurde das Projekt „Zentralisierung der Kundenanrufe in das hausinterne Callcenter" abgebrochen und neu aufgesetzt.

Nachdem das Projekt gescheitert war, hat der IT-Vorstand in Abstimmung mit anderen Ressortvorständen beschlossen, das Projekt extern auszuschreiben und somit die Planung, Umsetzung und Einführung in externe Hände zu legen. Im Folgenden wurde eine Firma ausgewählt, die auf das Einführen von Callcenterlösungen spezialisiert war. Das Callcenter konnte nach erfolgreicher Umsetzung allerdings dann erst Ende 2007 eingesetzt werden.

Konsequenzen für den Verantwortlichen, der die im Zeitraum Januar bis Juli 2005 entstandenen Kosten zu vertreten hatte, gab es nicht. Das nächste komplexe Projekt, nämlich die Anbindung von externen Vertriebspartnern an die Hauptverwaltung mittels Portallösung, verlief ähnlich.

5.4 Lösungsansatz mit Extreme Progamming

Durch die in der Fiktiv Versicherung AG gegebene Struktur der IT-Abteilung ist ein Vorgehen wie Extreme Programming nahezu optimal. Wie sich bei der Umsetzung einer Software für ein Callcenter herauskristallisiert, sind von der Umsetzung mehrere Abteilungen betroffen.

Seitens der IT-Betriebsabteilung sind die Fachkreise Datenbanken, Allgemeiner Betrieb und Benutzerservice betroffen. Demgegenüber stehen die in der Anwendungsentwicklung betroffenen Fachkreise. Zum einen werden Vertragsdaten der Sparten Kranken-, Lebens- sowie Sachversicherungen benötigt, zum anderen soll auf eine webbasierte Applikation zurückgegriffen werden.

Auch die Nähe des Kunden, in diesem Fall die jeweiligen Fachabteilungen, ist gegeben. Dies schafft optimale Vorraussetzung für die Durchführung des Projekts mit der agilen Methode Extreme Programming.

Extreme Programming zeichnet sich dadurch aus, als das zu erstellende Projekt in Iterationen unterteilt wird. Auch die Parallelität, die durch XP gegeben ist, kann hier hervorragend genutzt werden.

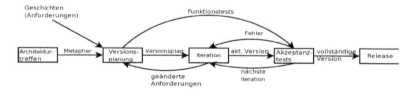

Abb. 8: Ablauf eines XP Projekts (Quelle: http://www.extremeprogramming.org)

An einem ersten Architekturtreffen können somit die technischen Vorraussetzungen festgelegt werden.

Abb. 9: Klassische Webarchitekur (Quelle: Richardson, Leonard; Ruby, Sam, 2007, S.77)

Um eine solche Anwendung zu programmieren, sind mehrere Schritte notwendig. Als erstes muss eine geeignete Datenbank ausgewählt werden, die der Fachreis Datenbanken zur Verfügung stellt. Anschließend muss die Datenbank mit Daten aus den Bereichen Krankenversicherung, Lebensversicherung, Sachversicherung versorgt werden. Der Fachkreis „Übergreifend" sollte die Applikationslogik sowie das Design übernehmen.

Die Gesamtanwendung sollte in mehreren Iterationen entwickelt werden.

Iterationen
Festlegung der Datenbank
Bereitstellen der KV Daten
Bereitstellen der LV Daten
Bereitstellen der Sach Daten
Anwendungsdesign

Tab. 2: Projekt Callcentersoftware – XP Iterationen der Fiktiv Versicherung AG (Quelle: eigene Darstellung

Wie den Iterationen zu entnehmen ist, können die einzelnen Iterationen parallel erfolgen. Das heißt bereits im ersten Monat werden für den Kunden, also die Fachabteilung, sichtbare Ergebnisse auftreten. Da in der Iteration stets ein Vertreter der Fachabteilung anwesend ist, können somit die Anforderungen in Form von Userstories konkretisiert werden. Außerdem werden die jeweiligen Anforderungen nicht nur von einer Abteilung umgesetzt, sondern dem jeweiligen Fachkreis zugeordnet. So wird die Bereitstellung der Krankenversicherungsdaten dem Fachkreis Krankenversicherung, der Lebensversicherungsdaten dem Fachkreis Lebensversicherung und die Sachversicherungsdaten dem Fachkreis Sachversicherung zugeordnet. Aufgabe des Fachkreis Übergreifend ist es, die Daten im System anzuzeigen sowie die dafür notwendigen Oberflächen zu erstellen.

Durch den Einsatz der Technik des Pairprogrammings ist gewährleistet, dass am Ende einer jeden Iteration ein qualitativ hochwertiger Code entsteht.

Da im XP Modell das Ziel die Iteration einer lauffähigen Software ist, hat der Kunde jederzeit die Möglichkeit einzugreifen. Weiterhin ist somit der Projektfortschritt für alle Beteiligten transparent. Ein Entwickeln in die falsche Richtung wird somit weitgehend vermieden.

In XP wird testgetrieben entwickelt, dass heißt auftretende Fehler werden bereits während der Realisierung innerhalb einer Iteration behoben. Da das Testen keine eigenständige Phase darstellt, die am Ende erfolgt, können gravierende Fehler bei der Produktivsetzung nahezu ausgeschlossen werden.

6. Fazit

Durch den Einsatz einer neuen Vorgehensweise können zwar nicht alle Probleme, die innerhalb eines Softwareprojekts auftauchen können, vermieden werden. Dennoch werden bei XP genau die Faktoren, die meist für das Scheitern von IT-Vorhaben verantwortlich sind, wie zum Beispiel schlechte Teamzusammensetzung, unterschiedlicher Kenntnisstand und Wissensmonopole der Beteiligten neu aufgerollt und versucht, ihnen eine effizientere Struktur zu geben. Während der Kunde bei den traditionellen Entwicklungsmodellen ausschließlich für die Erstellung des Pflichtenhefts vor Ort ist, ist beim XP der ständige Austausch mit dem Kunden gefordert. Dies hat den Vorteil, dass der Kunde den

Fortschritt seiner gewünschten Software stets im Auge hat und bei Bedarf eingreifen kann.

In den Vereinigten Staaten von Amerika sind agile Programmiermethoden innerhalb des Softwareentwicklungsbereichs bereits weit verbreitet. Für Deutschland trifft dies nur bedingt zu, da die Einführung dieser meist nur durch Umstrukturierungsmaßnahmen der jeweiligen IT-Abteilung erfolgen kann.

Aufgrund der überzeugenden positiven Wirkungen sowohl auf den Kunden, als auch auf das Entwicklerteam selbst, entscheiden sich immer mehr IT-Strategen für den Einsatz agiler Entwicklungsmethoden in ihrem Unternehmen.

Literatur- und Quellenverzeichnis

Bücher

Beck, Kent (2000): Extreme Programming
    1. Auflage, Addison- Wesley Verlag

Eckstein, Jutta (2004): Agile Softwareentwicklung im Großen: Ein Eintauchen in
    die Untiefen erfolgreicher Projekte
    1. Auflage, Dpunkt Verlag

Hoffmann, Dirk W. (2009): Software-Qualität
    1. Auflage, Springer Verlag, Berlin

Kannengieser, Matthias (2007): Objektorientierte Programmierung mit PHP 5
    1. Auflage, Franzis Verlag GmbH, Poing

Promberger, Gustav u. Pree, Wofgang (2004): Software Engineering:
    Architektur-Design und Prozessorientierung
    4. Auflage, Hanser Fachbuchverlag

Richardson, Leonard; Ruby, Sam (2007): Web Services mit REST
    1. Auflage, O'Reilly

Fachartikel

Schnelle, Wolfgang (2006): Wenn klassisches Projektmanagement in die
    Sackgasse führt, in: Ehrl, Birgit (Hrsg.): Handbuch –
    innovatives Projektmanagement, Kissing

Internet

Barnett, Mitch: Software Industrialization is the computerization of software
    design and function
    http://www.softwareindustrialization.com

Elmer, Franz-Josef: Software Engineering
    informatik.unibas.ch/lehre/ws05/cs203/softeng2.pdf

Institut für Betriebssysteme und Rechnerverbund: Wasserfallmodell,
    www.ibr.cs.tu-bs.de

Wells, Don: Extreme Programming,
    www.extremeprogramming.org

Der 20.01.2010 gilt als letzter Zugriffszeitpunkt der aufgeführten
Internetadressen.